AF595583

Mesut Şenol

Übersetzung aus dem Englischen:
Gino Leineweber

NICHT DIE BALANCE VERLIEREN
NOT LOSING YOUR BALANCE

Deutsch-Englscher Gedichtband

Verlag Expeditionen

Mesut Şenol
Nicht Die Balance Verlieren
Not Losing Your Balance
Deutsch-Englischer Gedichtband

Übersetzung aus dem Englischen
Gino Leineweber

Cover Photo by Pickled Stardust
Cover Design eyedentities.de
Printed in Germany
ISBN 978-3-947911-86-8

Inhalt

Mesut Şenol

Übersetzung aus dem Englischen:
Gino Leineweber

NICHT DIE BALANCE VERLIEREN
NOT LOSING YOUR BALANCE

Deutsch-Englischer Gedichtband

WARTEN UM DIE ECKE

Dilemmas warten nicht auf richtige Zeiten
Unhöflichkeit ist quälend
Unsere Augen blau oder schwarz, unsere Haut
dunkel oder hell
Wir sollen unser Schicksal selbst bestimmen

Wir müssen einiges vergessen
Wollen wir nicht an der Zukunft verzweifeln
Liebe und Hass verweilen nicht immer
In einem Patt ist nichts tröstlich

Es gibt weder Helden noch Feiglinge
Würde und Gemeinheit stehen sich gegenüber
Menschliche Qualität kommt aus dem Herzen
Barmherzige Wesen können sie sehen

Unglücke sind winterlich
In schneeweißen Gewändern
Glücklich lebt
Wer die hellere Jahreszeit erreicht

NOTIZBUCH DER GEHEIMNISSE

Soll ich das Notizbuch der Geheimnisse
durchblättern?
Mir Lieder anhören die aus der Vergangenheit
fallen?
Soll ich die besten meiner Träume erzählen?
Sage mir, dass es richtig ist, zu leben wie ich
will.

In verträumten Blicken sind wir gefangen.
Ohne deine Berührung hätte ich gefroren.
Doch vieles bleibt unerfüllt in einer gefühllosen
Welt.
Sage mir, dass es richtig ist, zu leben wie ich
will.

Hätten wir einen Blick aufs sternenklare Blau
geworfen,
unser beider Atem wäre zu einem einzigen
verschmolzen
und unsere Worte wären verstummt.
Sage mir, dass es richtig ist, zu leben wie ich
will.

LASSE DIR VOM SOMMER DIE AUGEN ÖFFNEN

mit dem schweiß
der weizenfelder
erschließt sich eine andere welt
          sehnsucht
gelb bemalte leinwand
          die lieder
bezaubern die innere welt
          die aufruhr des herzens
wirft keinen blick zurück
          beschreibt die werte des augenblicks
die schon vorüber sind
          ruft
ins sommer-kino
          die glühwürmchen
          wächter
der flammenden blassblauen luft
          eine bitte
          die mit mir beginnt
und mit mir endet
          finde ein heilmittel für mich
          gib die essenz deiner körperlichen liebe
auf
          lasse dir vom sommer
die augen öffnen

IHRE ZÄHNE UND TRÄUME

Der erste Schritt zu einer Reise
gleicht dem verletzenden erregenden ersten
Biss
Man fragt sich ob das Ruder des Traumschiffes
steht
Es ist für die Tiefen der Ozeane bestimmt

Müde vom Beißen und Träumen auf Gewässern
von einem Wind getrieben der vorgibt zu
pfeifen
Doch auch ekstatisch vom Zimtgeruch der
Schlaflosigkeit
ohne die Finger am Hals zu spüren

Das Rätsel wird durch Küsse gelöst
Die Projektionen vom Licht vorbeiziehender
Sterne
reflektieren unsere Seele die für seltene Blumen
Kerker und Gewächshaus ist

Ein Angriff der Wellen des Gehirns
ohne Waffen oder Artillerie
Doch die Gefallenen hinter den Linien
zeugen von Verletzungspotenzial

Er wurde geleitet eine Lektion zu erteilen
Einige Tropfen Medizin
gegen stures Verlangen
in die edle Seele zu träufeln

FÜR EINEN MOMENT

Ich kann
für einen Moment
meine Freude
kaum zurückhalten

Der Vulkan meines Abenteuers
scheint
für einen Moment
ruhig zu sein

Die Sterne grüßen
für eine kurze Zeit
auf den Pfaden
der Nacht

Gefühle wollen fließen
Für eine bestimmte Zeit
Wollen sich den Herzen
der Küste nähern

Die Reise verfällt in Dimensionen
von Liedern Poesie und
für eine Sekunde
werden Augen von Worten verführt

Diese Zeiten stammen aus einem Moment ...

SEIT LANGER ZEIT…

Lange Zeit
waren meine Augen klar
Ich haftete nicht an Liebe
Hatte sie losgelassen
Hatte nebelbewölkte Berge
nicht liebkost
und nicht gekostet
vom Geschmack aller Arten von Genuss
Ich gab
meine Muse frei
Mein traumgewebter
fliegender Teppich
beschleunigte nicht mehr sehr
Schon seit langer Zeit nicht mehr …

JEMAND

Sie ist nicht da
Doch ich stehe
mit ihr
auf der Höhe
der Entbehrung

Schiffe werden
gegen Küsten geworfen
Licht zeigt sich
in der Leere

Sie mit Leib und Seele
mit Körper und Geist
mit ihrem Leben
und allem anderen

Verlässt ihre Einsamkeit
tritt aus der Menge hervor
flieht vor sich selbst

Draußen ist jemand
Ohne sie scheint die Welt
schlecht zu sein

HOCHSAISON FÜR HERBSTLAUB

Ein niemals endender Kreislauf
Das Universum mit seinem präzisen Chaos
Menschen
Pflanzen halb verdorrt
Könnten aber
noch lebendig sein
Ein bewusster Verstand
Eine gestörte Seele

Was bekannt ist oder nicht bekannt
–Glauben Sie mir–
sagt ein alter und erfahrener Mann
mit vielen Gesichtern

Dinge die man sich vorstellen kann geschehen
Manches Mal zu viel auf einmal
Hoffnungen fliegen hoch
In einigen Fällen fallen sie tief
Herbstblätter landen an unerwarteten Orten

Sei der Boden des Waldes auf den Flügeln des
Winds
Was ist die Philosophie des Herbstes
Warum liegt er zwischen zwei Jahreszeiten
Seine Zweige wollen sich von ihm lösen

Blätter begleiten den Weg wie Kinder die das Haus verlassen
Es gibt keine Mütter von Vätern die zur Rettung kommen

Mache dich auf den Weg
die Blätter nicht so nah fallen zu sehen
Du könntest deine Augen schließen
Deinen Herzschmerz ignorieren

Wenn es dir jemals passiert sollte
Dich von jemandem verabschieden zu müssen
Kann der Herbst beginnen,
wenn er gerade erst fertig geworden war

PARADIES FÜR KLEINVÖGEL

Tröpfchen eines Elixiers
von den himmlischen Vögeln
Früher balancierten sie dort drüben
versuchten das Gleichgewicht
auf den unebenen Zweigen
der edlen Trauben zu halten

Fliegende Flügel verkünden Nachrichten
gute wie schlechte
von entfernten Geliebten
Aber immer präsent zum Anschauen
an der Wand

Oder von am Vergnügen nippenden Gefährten
in diesen nostalgischen Augenblicken
die bereits vorüber
aber gleichzeitig
nachweisbar sind
in den feinen Kelchen des Weins

SEHEN WAS KOMMT

Das Beste von dir mag begraben sein
mit all deinen alten Erinnerungen
Jetzt könnten himmlische Aufgaben warten
die größte Angst aller Ängste herauszufordern
Deine menschliche Energie würde nicht
gebraucht

Der Blick in unsere Zukunft erscheint positiv
dennoch sind wir die ganze Zeit wachsam
Die Geschenke der Liebe haben wir erhalten
Sicher ist das Schicksal liegt in unserer Hand
Wir wissen wir müssen unseren Gefühlen
folgen

NICHT DIE BALANCE VERLIEREN

Drei Elemente im Leben sind wichtig für mich
Erwartungen sind immer wichtig
Veränderungen sollten vorhergesehen werden
Das höchst Erhoffte erfüllt sich nicht

Mein Verhalten ist akzeptabel
Ich versuche alles zu erfassen
Mühsam sich zu erinnern jemand zu sein
Das geschenkte Leben schätzen zu lernen

Fruchtbar ist für den Hass der Boden bereitet
Das muss trotzdem nicht die Hoffnung
begraben
Es gilt den Horizont zu verstehen
ohne die Balance zu verlieren

HURRIKAN-TULPEN

Das Rad des Glaubens soll das Leben
derjenigen Menschen erschweren die ihre
Menschlichkeit verfehlen
Gips Kiesel und Sand werden unter der
unsichtbaren Arbeit der Kunst zerschlagen
Jedoch wird es ein Heilmittel für schmerzende
Herzen geben
Selbst gesprächige Weise scheinen sich immer
im Dunkeln aufzuhalten

Das Meeresfunkeln leuchtet perfekt auf der
Oberfläche – kommt und geht
und wird es immer wieder tun
Fleisch und Zähne auf der Theke des Lebens wo
sie winzige Herzen schnitzen
Schriften Wörter Essays fliegen im erschöpften
Wind ohne einen Moment innezuhalten
Geschichten und Märchen werden in epischen
Liedern durch den Gesang der Barden und
ihrer Hände Klang lebendig

Eine Bergziege blickt von der Höhe der Felsen
fröstelnd im Nachgeschmack des Freiheit-
Tranks
Die Wolken ziehen in Ringen dahin wandern
über die verborgenen Orte des Tals

Ihre Wut bricht aus dem Boden als wären sie
ein Rätsel der Natur
Unterscheiden und Verschmelzen von Luft
Erde Wasser und Feuer
Hier brachten die Orkane die Tulpenzwiebeln
und fügten sie zusammen nach der magischen
Formel der Wassernymphen
Ihre Farben wurden empfangen mit Liebe und
Begeisterung
Manche sind marineblau, andere rosa

Orkane würden nicht wagen die zarten Wangen
dieser anmutigen Blume zu zerschlagen
Es ist die Natur die Leiden und Liebe geboren
hat – die den Charme der Unsterblichkeit kennt
Es ist höchste Zeit sie zu begraben

Hoffnungslosigkeit sollte nicht geerntet werden
wo die Hoffnung erst wachsen muss
Der Fürst der Verwirrung kümmert sich nicht
darum woher das Wasser kommt
Es war wie das Leben das seinen Weg allein
gefunden hat immer da
Die Tulpen und die Stürme haben sich immer
geküsst

Und das Leben selbst

LICHTEXPLOSION

Der Sonnenuntergang morgen findet statt
Die Zukunft wird in die Luft gejagt
Dem Glück entspringen Meere voller Tränen
Mit dem, was von Sehnsucht und Trennung
bleibt
Ist der Himmel dabei, seinen Korb zu füllen ...

Die Äpfel der Erdenmutter werden vergraben
All die guten Taten werden wieder und wieder
gezählt
Die hellen Blumensträuße strömen mit
Schwung heraus
Um aus der tiefsten Finsternis zu fliehen ...

Es gibt Trost für das Heer der Getrennten
Sowie Gefäße für die Tränen
Die Angeber trocknen gar die Brunnen aus
Wen kümmert es dann, wenn Stürme wüten ...

Dir wurde von verschluckten Bissen erzählt
und was aus den Mündern kommt
Zwischen den Zeilen hört man die Bewegungen
Ich kenne dich zu gut und deine Blutphobie
Wenn das Licht explodiert und die Augen
geblendet werden ...

REINER INSTINKT

Damals, zu Zeiten merkwürdiger Träume von
konkreten in Stein gemeißelten
Prophezeiungen lebten die Alten ihre trostlosen
Ängste aus
Zeitlosigkeit verwirrte viele Köpfe und bereitete
sie darauf vor aus dem himmlischen Ort
gedrängt zu werden.
Da sangen die Barden der Welt dass sie den
liebevollen Schutz füreinander nicht aufgeben
sollten
Während die Worte den goldenen Käfig der
Dichterin erreichten fühlte sie sich erneut wie
eine Göttin
Argonauten und Astronauten flogen ins Meer
und in die Leere des Kosmos
Die klug ergrübelten Werke tauschten auf
einem virtuellen Altar Worte und Erstaunen
aus
Die Dilemmas und Rätsel kamen von
Außerirdischen um der Ruhe der Göttin willen

Komm – schließ dich uns an sangen sie vom
Hügel der göttlichen Botschaft
Wie kommt es, dass diese Sterblichen keine
Schmerzen in ihren Augen spüren
falls es so sein sollte dass man von der

landschaftlich reizvollsten Straße ins
Nirgendwo verschwindet

Kann man den Körper und die Seele im reinem
Instinkt laufen lassen
Gewagte Bewegungen spielen keine Rolle wenn
man im eigenen Paradies gefangen ist
Kometen mögen dich in deinen Träumen
besuchen um die Dinge etwas umfangreicher
erscheinen zu lassen
Erweitere deinen Horizont und schaue hinaus
was du als schöne leere Welt siehst
Die entsetzlichsten Taten werden vor dem
Höchsten Gericht für sechzig Tagen gelobt
bevor du stirbst
Würde es dir etwas ausmachen wenn du zu
deiner Essenz die nur ein Fleck ist
zurückkehrtest?
Kein Wunder viele Seelen laufen immer noch
ihren Instinkten hinterher um herauszufinden
ob es sie gibt oder nicht
Nun ich folge meinem einen auf Gedeih und
Verderb sonst ...

NICHT VERGESSEN

Es steht nicht in herkömmlichen Lehrbüchern
Der Bauer und der Städter fühlen dasselbe
Das Leben in der Nähe des Landes bringt
Erntezeit
Baumwolle findet ihren Weg in die Hände der
Stadtbewohner
Beide wischen ihre Tränen mit dem gleichen
Stück Stoff
Sorgen verbinden die verletzen Herzen der
Liebenden.

Ein Lebensstil
Niemand total durcheinander
Es ist Zeit nachzudenken um zu sehen was so
fantastisch gewesen war
Jemand hat sich von der Tafel entfernt

Wir waren cool an diesen Tagen, oder?
Hatten manchmal die Spielgesichter aufgesetzt
Jetzt fallen Puzzleteile an die richtige Stelle
Ist es nicht an der Zeit einen Zug zu machen um
eine Katastrophe zu verhindern?
Wir beide können uns sicherlich nicht vor den
drängenden Angelegenheiten verstecken

Tief in unseren Seelen wundern wir uns immer
noch über einige Spuren
Ist es eine Fata Morgana oder bist du eine
schattenhafte Gestalt die mich verfolgt?
Ich habe ab und zu über zeitlose Erinnerungen
nachgedacht

Glaube mir sie alle sind in meinem Kopf nicht
Vergessen

EINE EINDRINGLICHE ENTDECKUNG

Ein anderes Bild zeichnet sich ab
Auffallende Beobachtungen in der Entstehung
Entscheidungsfindungen werden aufgeschoben
Langsam bewegt sich eine faszinierende
Entdeckung
Ihre Inspiration erscheint atemberaubend

Wir vertrauen Wahrnehmungen
Unsere Ausdauer ist total verbraucht
Dem Heureka-Moment ist die Herrschaft
vergangen
Hoffnungen sind verloren
Ein Paradies für das Vogelhirn

Alle gleichen Merkmale überraschen uns
Wer nimmt es auf dem falschen Weg leicht?
Zieht die Summe von einer einfachen Rechnung
ab?
Neugierige Ungereimtheiten neigen zum
Verdrängen
Depressive Appelle an der falschen Stelle

Das ist mit Sicherheit eine unruhige Welt
Experten haben noch nicht vollständig
verstanden
wenn die Liebe seltsame Wege geht
Dann beginnt eine Jungfernfahrt
Um eine faszinierende Entdeckung zu machen...

VERÄNDERTER ZUSPRUCH

Für Angeliki

Man sagt Legenden zeugen
Von den schrecklichsten menschlichen Sagen
vom Gestern
Helden und Heldinnen verloren ihren Verstand
Triumphal war die göttliche Schönheit
Die Herzen schmerzten Tag und Nacht
Zorn war die Sprache des ewigen Gottes

Menschen erhielten eine einzigartige Chance
Zu kämpfen und ihr edles Wesen zu feiern
Keinem wurde der richtige Weg gewiesen
Das Bewusstsein war immer ein knappes Gut
Siege gehörten den Kommandeuren mit den
empfindlichen Herzen
Um die Seelen ihrer Soldaten in abgründiger
Erinnerung zu trösten

ICH WÜNSCHE TRÄUME VERÄNDERTEN DIE WELT

Die magischen Finger reichen in eine
himmlischere Richtung
Künstler einer göttlichen Welt stehen über der
Akropolis

Gefühle fliegen zwischen den Musikern hin
und her
Der Stoff der Kultur ist gewoben
Gesunder Menschenverstand führt seine Taten
auf
Inselbewohner finden luftige Inspirationen

Viele Geschichten können gezeichnet werden
Aus den Legenden vom Gestern
Ritter von Rhodos könnten erneut regieren
Um zu sehen das Heute ist das schönere Fest

Wir sind einfach gern hier
Mit Ehrfurcht vor dem Leben
in dem Harfen Klaviere lieben
um mit schönen Stimmen gemischt zu werden

LIEBE UND FRIEDEN

Für Eirini

I

Hand in Hand wie seit Jahrhunderten indem
man die Taten bezeugt seien sie heroisch oder
alltäglich
Viele fallen in die Abgründe der Zeit
Legenden sprechen noch immer von den
Dämonen
Rittertaten wurden nicht vergessen
Es waren nicht die Epochen des Friedens
Liebe überlebte Katastrophen
Eirini lebt nicht umsonst

II

Die Zauberin des heiligen Tempels
Diktiert die Regeln für einen längst
vergangenen Glauben
Loyalität zu einem König der Arroganz war
schrecklich
Was zählte war nicht die Delinquenz der reifen
Völker
Himmlische Stufen wurden ausgereicht
Unten flogen männliche Glorienscheine
Umarmung war die Entscheidung der Nacht

Eirini teilte ihre innere Freundlichkeit
Schwellen wurden gesetzt sie zu überschreiten
Wie beim Wandern auf Gipfeln der Fantasie
sind wir durchgeschwitzt

III

Es ging nur um eine verschlossene Tür
Der Schlüssel wurde in einen dunklen See
geworfen
In einer Ecke wurden Wunder erwartet
Wer würde der Retter sein?
Für die jahrhundertealte Pattsituation?
Niemand aus dem Lande wollte es wagen ...

MONDSCHEIN

Der arme Mann fand einen perfekten Ort um
die Nacht zu verbringen
Seine Hand breitete sich aus um die Strahlen
des Mondlichts zu fangen
Er dachte der Mond hätte einen Tipp ferner
Sterne bekommen
Er wurde nicht davon abgehalten seine
missliche Lage zu lösen.
Der Mond strahlte hoch über den Dächern

Diese Geschichte entstammt nicht einer
phantasievollen Welt
Die Armen wurden nicht von Manitu oder
einem anderen Geist ausgewählt
Epileptische Anfälle fallen mit epischen Reisen
zusammen
Ratschläge der Weisen reichen nicht aus
Plötzlich verstarb gerade eben ein stilles Gerede

Er glaubte er sei von einigen Kräften besessen
deren Möglichkeiten die Menschen vergessen
haben.
Die mündliche Überlieferung sagt da sei ein
Zugang
in ein anderes höheres Reich
Wartet ab und schaut was passiert

Das Mondlicht besucht den Himmel wenn die
Zeit reif dafür ist
Es bewegt sich mit einer wohlwollenden Kraft
enthält das Gegenmittel zum Glück für jedes
Mal wenn ein Notleidender danach fragt
Dann schickt der alte Mond seinen Glanz

Im Geheimen ...

Mesut Şenol

Translated by
Gino Leineweber

NICHT DIE BALANCE VERLIEREN
NOT LOSING YOUR BALANCE

German-English Poetry

Table of Contents

WAITING AROUND THE CORNER

Dilemmas cannot wait for the arrival of the right season
Diverting attention would not make it less torturous
We are destined to go through our fate's direction
Our eyes blue or black, our skin dark or light, useless

We tend to forget about many things in life
We have to, or else our future might look desperate
Love and hatred hoover and linger permanently on us
No advice might console us when we are in a dire stalemate

There are no true heroes or some miserable creatures in this world
Dignity and meanness may not go always side by side
The true inner and humane quality lies at the depths of the heart
Nobody but the eyes of a merciful beings could sense it

As we all know that the calamity proves to be winter-like
With its snow-white appearance.
Warnings!
We tend to ignore
Happily, or prosperously lived, would it matter in a real sense
If you cannot bring up brighter seasons after winter in your essence.

THE NOTEBOOK OF SECRETS

Should I leaf through the pages of that notebook of secrets
Should I listen to the songs dropping down from that past
Should I say they were the best of all dreams and realities
Would you give me what we could not have lived, should I wanted?

I would have been captive of our dreamy looks
I would have shivered hopelessly before you without your touch
There are some unsettled accounts in the cruel world
Would you give me what we could not have lived, should I wanted?

We would have taken a look at the starry dark blues together
Our breaths would have been coalesced into one in an instant
Our words to utter would have gone silent at that moment
Would you give me what we could not have lived, should I have wanted?

LET THE EYELASHES OF THE SUMMER BRUSH YOUR EYES

with the sweats
of the wheat fields
another world would've opened
        longing
painting the canvas yellow
        the chant from the heart
was charmed with the words
        the storm in the inner world
of the deserting person without a backward glance
        setting accounts with the moments
already passed and ended
        screams
at the summer movie theatre
        the fireflies
        the guardians
of the flaming pale blue air
        a request
        starting with me
and ending with me
        ah, go figure
and find a cure for me

let your making love with your essence
go
let the eyelashes of the summer
brush your eyes

HER TEETH AND DREAMS

the moment one takes a step for a journey
equal to the hurting and tickling pleasure of
biting
one wonders whether the helm of the dream-
sailed ship steers
for sure she is destined to reach the mid oceans
one would look between the teeth and dreams
of the waters accompanied by the fatigue of the
voyages
in the race with the wind pretending to whistle
ecstatic from the cinnamon smell of
sleeplessness
without touching of the fingers on the neck
there is an awkwardness in the riddle solved
through kisses
the projections of light from the passing and
shooting stars reflect
the greenhouse of our soul seems to be the
dungeon for rare flowers
an attack through the brainwaves but without
any riffles or artillery
the bullets of the soul have a genuine power to
injure
in order to pick the fallen ones behind the line

some run and fetch them to teach a lesson
a cure for longing, just a drop out of the thirst
medicine
shall enter stubbornly into the noble soul
carried by that body

FOR A MOMENT

I hardly hold my joy, for a moment
A volcano, my adventure seems calm for a moment
The stars salute us,
On the pathways of the night
The hearts would make the coast near while the feelings are flowing for a moment
For a moment as the journey was being sliced in life in many dimensions
Songs, poetry and the moment when the words touch the eyes
Those moments are of a moment…

FOR A LONG TIME...

My eyes were not dazzled for a long time
I had not tied love
I made it loose
I had not caressed
the mountain topped by the fog
My palate had not licked
the taste of all sorts of indulgence
I had freed
my muse
The flying carpet
of my dream world
had not speeded up this much
For a long time...

HIGH SEASON FOR THE FALL OF THE AUTUMN LEAVES

A never-ending cycle, circling the universe with its precise chaos
Humans, half-alive plants – or we think so – they might be livelier even
A conscious mind or a disturbed soul – what is known or not known
Believe me says a wise, an aged and a seasoned man of many faces

Imagining things might occur too, at time too many
The hopes fly and land in some instances
Autumn leaves find their place in somewhere unexpected
Be it the floor on the forest of a wind's wing to be carried away

What is Autumn's philosophy or why is it in between seasons?
The branches of the body want to break up from it
Leaves usher the way as if kids leaving home
There are no moms of dads to come to rescue

Come on find a way not to see the leaves fall nearby
You may close your eyes to ignore your heartache

If it ever happens to you to say goodbye to someone
It may start the season of Autumn already there ready…

SOMEBODY

When she is not around
and with her existence
On the very tip
of a deprivation
When the ships
Washed up onto a shore
When the voids
Come to light with their counterweight
With her flesh and bones
With her heart and soul
With her life and everything else
Then out of your loneliness
Then out of the crowd
Then escaping from herself
there is somebody out there
Without her, the world
Seems to be poor

LITTE BIRDS' PARADISE

Small drops of elixir
taken by the heavenly birds
They used to perch over there
on a delicate balance
over the wavy but persistent ivies
of the noble toiling grape

Flying wings herald good or bad news
from the beloved one
who is so far away but
ever present here
on the wall to look at it
or to accompany to sip the pleasure
of those nostalgic moments
that are already gone
but at the same time
traceable

in the fine goblets of wine

GET TO SEE WHAT'S COMING

The best of you might be buried
Among the oldest memories
Heavenlier deeds could be sought
Challenging the greatest fear of fears
Your humane energy wouldn't be drained

The outlook for our future seems good
Yet all the time we are on our toes
Humane loving potential lies under our belt
And for sure our destiny is in our hands
We now know we have to go by instinct

NOT LOSING YOUR BALANCE

Three elements in life stand out for me
Speculations run high all the time
You'd better to anticipate lethal moves
And usually, a highly ambitious plot fails

You see my demeanour being acceptable
Trying to narrow down my focus on things
Toiling not to forget that I am someone in life
Appreciating the gift of being alive given to us

A breeding ground for hate might be fertile
Regardless, it is not the end of hope
There are so many features to explore
Not losing your balance opens many windows

HURRICANE TULIPS

The wheel of faith should make life difficult, for some people
might have missed the mold of their humanity
Cast stones, pebbles and the sand may be smashed
under the invisible works of art, indeed
Will there be some cure for aching hearts
even talkative wise seem to be in the dark all the time

Sea sparkles are shining so perfectly on the surface
they are come and go doing it all over again
Their flesh and teeth on the counter of life
and they are slicing tiny hearts, indeed

Writings, words, essence are all flying
going after exhausted winds
without stopping a moment
Stories and fairy tales become alive
in some epic papers
and in the tongue and hands of the bards

A mountain goat gazes from the high of it
as it was drinking the taste and chill of freedom
The clouds are in rings
wandering in the hidden places of the valley
and their rage is erupting from the very bottom
It should be a riddle of nature
distinguishing and fusing the air,
the formula, the water and the fire

Here it was those hurricanes that brought
and made them bring together the tulip bulbs
using the magical formula of the sea fairies
The color of the tulip was being donned with
love and enthusiasm
Sometimes navy blue, sometimes pinkish

Hurricanes would not smash
the delicate cheeks of those graceful flower
It was nature that gave birth to both suffering
and love
the ones should have known the charm of
immortality
it was high time to bury it in the earth

Hopelessness could not be harvested, hope is to be raised
the sheik of bewilderment would not care about
from which creek the water comes down
the water used to flow, so did life
finding its own path by itself
the tulips and the hurricanes
would be kissing all the time

the life itself
and each other…

EXPLOSION OF LIGHT

The sunset of tomorrow takes its place
Already blowing up the future
Out of happiness there is tears full of an ocean
What is left from longing and parting?
The sky is about to fill its basket…

The apples of the earth mother will be stashed away
All the good deeds will be counted again and again
There will be one cure for thousands of miseries
The light bouquets will be flowing from the swing
Getting out of that deep darkness…

There is some consolation for the army of lonely
As well as water bottle for tears
With being a wannabe of the torn sky
Even the shepherds' fountains get dry
Who cares about raging hurricanes …?

You were told at the very beginning and at the very moment
Swallowed bites, things getting out of a mouth

In between lines, wandering was heard
I know you very well, you have the blood
phobia
When light explodes and your eyes are
dazzled…

ON PURE INSTINCT

Way back to odd dreams of concrete prophecies
on the stone
Calligraphies of oldies in antiquities had lived
up to somebody's dreary fears
Timelessness dizzied many heads and put them
ready to be axed in a heavenly place
Bards told the world not to abandon
affectionate protection for each other
While slimy words revisited the golden cage of
the poetess feeling like a goddess
Argonauts and astronauts took off to fly in the
sea and the void of the cosmos
The wise devised sophisticated tools to
exchange words and wows on a virtual altar
The dilemmas and puzzles were set by
extraterrestrials for goodness' sake in silence
Come on, join us said the hills of the top divine
brass
How come those mortals won't feel any pain in
their eyes
If it is to disappear from the scene of the most
scenic road to nowhere
You may run your body and soul purely being
on pure instinct
Daring moves won't matter should you be
imprisoned in your own paradise

Comets may visit you in your dreams to make
things appear a bit more extensive
Expand your horizon to see beyond what you
can see as an empty and fine world
The most horrendous acts are praised for the
eternal jury of sixty days before you die
Would it matter whether you return to your
essence which is only a speckle?
No wonder there many souls still are after their
instincts to catch to be or not to be
Now I am on pure instinct, for better or worse,
or else…

NON-FORGOTTEN TIMES

It does not come from conventional text books
The peasant and the urban dweller feel the same
Living close to the land brings out harvest time
Cotton crop finds its way to the hands of city folks
Though both wipe their tears with the same piece
Sorrow bundles together hurt hearts of lovers
Life style does not make somebody a total mess
It is time to reflect to see what was so awesome
Somebody pulled away from a dinner table
We were cool on those days, weren't we?
Somebody had put their game face sometimes
Now puzzle pieces are falling in the right place
Isn't it time to make a move to avoid a disaster?
You and I can't be helped for sure for some time
We are not hiding at all from the biting facts
Deep in our souls we still wonder about some trails
Is it a mirage or you are a shadowy figure haunting me?
I've reflected every now and then on timeless memories
In my head all times not forgotten believe me

AN INTRIGUING DISCOVERY

A different picture is being paint
Striking observations in the making
Final verdict being delayed
An intriguing discovery inching
Its inspiration seems breathtaking

Assumptions are being relied on
Our stamina entirely worn away
Eureka moment lost its reign
Hopes did not go away
A paradise for the birdbrain

Anything by the same token surprises us
Who takes it easy on the wrong path
Deducting the sum from a simple math
Curious inconsistencies tend to displace
Depressed appeals in their wrong place

This is for sure a troubled world
Experts failed to appreciate this fact fully
When love takes shape in an odd fashion
A maiden voyage is set to be commenced
To make an intriguing discovery…

DIGNIFIED CONSOLATION

They say legends witnessed
The most horrific human saga of yesterday
Heroes and heroines lost their mind
Triumphant was that divine beauty
Hearts ached day and night
Temper was the language of eternal God

Humans were given a unique opportunity
To fight for and celebrate their noble cause
No one was told which way was right one to choose
Conscious was a scarce commodity all the times
Aching were the victories commanders of the softest hearts
To console their soldiers' souls of bottomless memory.

WISH OUR DREAMS TURN THE WORLD

The magical fingers extend
To a heavenlier direction
Artists of a divine world
Top the Acropolis' stand

Feelings flow among musicians
Fabric of culture is woven
Common sense plays its acts
Islanders find breezy inspirations

Many tales can be drawn
From the legends of yesterday
Knights of Rhodes might rule again
To see today's finest celebration

We just like to be here
To be held in reverence
Where harps, pianos deared
And fine voices are mixed

PEACE AND LOVE

I

Hand in hand as now as it has been
Centuries past by witnessing deeds
Be them heroic or mundane ones
Many fallen in the abysses of time
Legends still talk about the Demon
Chivalry acts were not forgotten
So were not the epochs of peace
Love survived catastrophes
Eirinis do not live in vain

II

Sorceress of the holly temple
Dictating the rules for a long-gone sect
Loyalty to a king of arrogance was terrific
What mattered was not that

Delinquency of the mature folks
Heavenly steps reached out
Down below flew manly halos
Embrace was the call of the night
Eirini divided her inner kindness
Thresholds were set to be crossed
Like hiking on fantasy tops
You and I were all in sweat

III

It was all about a locked door
Its key thrown away into a dark lake
Miracles were expected in one corner
Who would have been the savior?
For the many centuries old stalemate
Nobody from the land came to dare…

MOONSHINE

The poor man found a perfect site to spend the night
His hands spreading out to catch the rays of moonlight
He thought the moon got a tip from distant stars
He wasn't deterred in solving his predicament
Moon shining was high over the roofs

This story did not originate from an imaginative world
The poor were not chosen by a Manitou or sprits
Epileptic fits coincide with epic voyages
Advice uttered by the wise fell short
Just suddenly a silent talk died

He believed he was possessed by some powers
Oblivious to the possibilities known to man
The oral tradition says there is an access
To another realm, a superior one
Wait and see what happens

Moon shine visits the sky when times is ripe
It keeps on a benevolent drag movement
It has got the antidote for happiness
Every time a destitute begs for it
The old moon sends its shine
In secret…

www.ingramcontent.com/pod-product-compliance
Lightning Source LLC
LaVergne TN
LVHW041506190726
843491LV00008B/2563

* 9 7 8 3 9 4 7 9 1 1 8 6 8 *